PEDRO ÁLVARES CABRAL

Tras los pasos de Vasco de Gama

Por Romain Parmentier
Traducido por Laura Soler Pinson

Historia en50MINUTOS.es

¡CONVIÉRTASE EN UN GENIO DE LA HISTORIA!

www.en50minutos.es

PEDRO ÁLVARES CABRAL

- **¿Nacimiento?** Hacia 1467 en Belmonte (reino de Portugal).
- **¿Muerte?** Hacia 1520 en Santarém (reino de Portugal).
- **¿Contexto?** Los grandes descubrimientos.
- **¿Objetivo de la expedición?** Llegar a las Indias a través de la ruta marítima de las especias.
- **¿Regiones de mundo exploradas?**
  - Brasil.
  - Mozambique.
  - Tanzania.
  - Kenia.
  - India.
- **¿Descubrimiento relevante?** Brasil.

El 9 de marzo de 1500, una flota de trece navíos con mil quinientas personas a bordo zarpa de Lisboa hacia las Indias. A la cabeza se encuentra Pedro Álvares Cabral, un aristócrata portugués procedente de una familia rica y noble. Es la primera vez que se le confía el mando de una flota, y nada de lo que ha vivido al servicio del rey de Portugal lo ha preparado para lo que le espera. A pesar de no tener experiencia, desea asumir el desafío.

El objetivo de la expedición está claro: seguir la ruta marítima de las Indias que Vasco de Gama (navegante portugués, 1469-1524) acaba de descubrir y consolidar las relaciones comerciales entre Portugal y las Indias. Se trata de un gran reto para el reino de Portugal, que desea adueñarse del comercio de las especias que, en aquel momento, es próspero e imprescindible. Además, brinda la oportunidad de suprimir al intermediario otomano en el negocio de productos orientales.

El viaje se presenta turbulento para Cabral. Los vientos violentos y las tempestades acaban con varios de sus navíos, y cuatro de ellos se hunden frente al cabo de Buena Esperanza. En las Indias, la hostilidad árabe y las traiciones ponen en peligro el triunfo de su expedición. No obstante, el navegante no se viene abajo y somete por la fuerza a los enemigos de Portugal. Su misión, coronada con éxito, permite sobre todo descubrir Brasil, sinónimo de prosperidad para los portugueses.

BIOGRAFÍA

AL SERVICIO DEL REY

Retrato de Pedro Álvares Cabral.

Pedro Álvares Cabral, procedente de la rica nobleza portuguesa, nace hacia 1467 en Belmonte, en Portugal. Es hijo de Fernão Cabral (fallecido en 1493) y es el segundo de una familia de once hijos. Tenemos muy pocos datos de su infancia, aunque se establece claramente que su familia es heredera de una larga tradición de servicio en la corte del rey. Por lo tanto, es natural que, a los diecisiete años, Cabral se ponga a disposición del rey Juan II (1455-1495). Cuando este último muere, continúa trabajando para Manuel I (1469-1521), con el que mantiene una buena relación. De hecho, en 1497, el rey lo nombra *fidalgo* («consejero»), lo que le concede el hábito de la Orden Militar de Cristo y una renta personal.

TRAS LOS PASOS DE VASCO DE GAMA

Retrato de Vasco de Gama.

En 1499, Vasco de Gama vuelve a Lisboa triunfante tras haber encontrado la ruta marítima que lleva a las Indias. Para el navegante, resulta crucial enviar lo más rápido posible una nueva flota para consolidar las conquistas efectuadas. Pero la travesía ha sido lenta y difícil y desea descansar. Entonces, se designa a Pedro Álvares Cabral para liderar este segundo viaje, aunque no tenga ninguna formación en navegación y nunca haya realizado un viaje similar.

El 9 de marzo de 1500, Pedro Álvares Cabral se pone a la cabeza de una flota de trece navíos con el objetivo de seguir la ruta que Vasco de Gama ha abierto y reforzar los lazos comerciales con las Indias. El navegante sigue las indicaciones de su predecesor y baja hacia el suroeste para aprovechar los vientos alisios. Sin embargo, estos vientos lo desvían hacia el oeste más de lo previsto. El 22 de abril de 1500, Cabral descubre el territorio que le dará la fama: Brasil. A continuación, prosigue su ruta hacia el cabo de Buena Esperanza y, a finales del mes de mayo, se enfrenta a una terrible tormenta que provoca la pérdida de cuatro navíos. Finalmente, el 13 de septiembre, la flota llega a Calicut (India), donde establece un punto comercial con el acuerdo de las autoridades locales. Sin embargo, la paz no dura mucho, puesto que, en diciembre, los árabes atacan el emplazamiento. Como represalia, Cabral ordena bombardear la ciudad durante un día. A continuación, el navegante abandona la ciudad y se dirige a Cochín, donde puede crear un punto comercial en buenas condiciones. La flota portuguesa, cargada de especias, inicia el regreso el 16 de enero de 1501 y llega a Portugal el 21 de julio.

VUELTA A LA VIDA NORMAL

El éxito comercial de la expedición anima al rey a enviar una nueva flota lo más rápido posible. Así, durante ocho meses, Cabral prepara los buques, pero en el último momento, se encarga el mando a Vasco de Gama. Para el navegante, esto constituye una verdadera ofensa. En seguida, decide abandonar la corte y dedicarse a la gestión de sus dominios cerca de Santarém. Pedro Álvares Cabral se retira de la vida pública, se casa en 1502 y tiene seis hijos. Fallece hacia 1520.

CONTEXTO POLÍTICO, SOCIAL Y ECONÓMICO

LAS PRIMERAS EXPEDICIONES PORTUGUESAS

El viaje de Cabral, lejos de ser una expedición aislada, se inscribe más ampliamente en un contexto de exploración marítima que caracteriza a Europa en la Era Moderna. Es el momento de los grandes descubrimientos, que marcan progresivamente la apertura y la dominación del continente europeo sobre el resto de mundo. Portugal, que participa en ese movimiento, es un verdadero precursor en la materia.

A finales del siglo XIV, Portugal se asegura definitivamente su independencia con respecto a Castilla y ha terminado la Reconquista varias décadas antes que España. Por lo tanto, nada impide al recién creado reino que empiece su expansión por los mares. El infante Enrique el Navegante (1394-1460), auténtica figura destacada de esta política de exploración, dedica toda su vida a iniciar y financiar las expediciones portuguesas. El joven príncipe, enamorado de la geografía, se rodea de sabios y funda una escuela de navegación en Sagres (cabo San Vicente), donde impulsa los avances tecnológicos en el ámbito marítimo, y es que hay mucho en juego:

- dado que Portugal no puede expandirse más por la península ibérica, no le queda otra opción que obtener territorios de ultramar para su comercio;
- asimismo, su aprovisionamiento de productos agrícolas

es limitado, lo que implica que debe buscar nuevos mercados y nuevos territorios;

- tal y como ocurre con otros países europeos, Portugal también se enfrenta a una disminución de sus reservas de oro y plata como consecuencia del agotamiento de los yacimientos europeos y de la fuga de los metales hacia Oriente, fruto del comercio de los productos asiáticos. La necesidad de encontrar nuevas fuentes de metales preciosos se convierte en una prioridad para no asfixiar la economía;
- el final de la lucha contra los musulmanes aún no está cerca, por lo que muchos europeos esperan encontrar el mítico reino del preste Juan para sumar aliados y llevar a cabo una cruzada definitiva contra los musulmanes.

UN REINO CRISTIANO MÍTICO

El reino del preste Juan es un misterioso territorio cristiano situado en Oriente, según la leyenda. El origen de esta historia se remonta a la Edad Media, y va ubicando el reino sucesivamente en Asia Central, en China, en India y, finalmente, en África Oriental. Lejos de ser un simple relato, el mito tiene una importancia considerable. De hecho, los europeos, enfrentados a la expansión musulmana, ven en el preste Juan a un aliado de envergadura que permitiría acorralar a los árabes y a los turcos y, en última instancia, salir vencedores del conflicto. Por consiguiente, la búsqueda del reino se convierte en un objetivo central de la exploración marítima e influye activamente en los inicios del movi-

A lo largo de todo el siglo XV, se incrementan las expediciones portuguesas. La primera conquista se remonta al año 1415, con la toma de Ceuta en Marruecos. A continuación, los portugueses se apoderan de Madeira (archipiélago de Portugal) en 1418 y de las Azores en 1427. Poco a poco, se adueñan de las costas africanas cruzando el cabo Bojador (Sáhara Occidental) en 1434 y Cabo Verde en 1445, y así descubren la desembocadura del Senegal. En 1471, cruzan la línea del ecuador, pero nadie sabe aún dónde acaba África. Por fin, el navegante Bartolomé Dias (c. 1450-1500) pasa el cabo de Buena Esperanza en 1488 y abre la ruta hacia el océano Índico. En unas décadas, Portugal lanza a Europa al más emocionante de los viajes: el de los grandes descubrimientos.

EL DESCUBRIMIENTO DE AMÉRICA Y EL REPARTO DEL MUNDO

España, que se ha visto superada por Portugal en el ámbito marítimo durante varias décadas, termina la Reconquista en 1492 y desea expandirse a su vez por los territorios de ultramar. El hombre que encarna esta voluntad no es otro que Cristóbal Colón (1450/1451-1506), un navegante genovés con un ambicioso proyecto.

Retrato de Cristóbal Colón, cuadro de Ridolfo Ghirlandaio realizado tras la muerte del célebre navegante.

Mientras que los portugueses se afanan con paciencia en bordear África buscando la ruta hacia las Indias, Cristóbal Colón está convencido de que podrá alcanzarlas por el oeste, atravesando el océano Atlántico. El navegante, ridiculizado por el rey de Portugal, que se niega a financiar el proyecto, entra al servicio de España y, el 3 de agosto de 1492, parte hacia lo desconocido. El 12 de octubre se avista una tierra nueva. Al contrario de lo que piensa Cristóbal Colón, no se trata de Asia. Ha descubierto algo muy distinto, pero no menos colosal: el navegante no sabe que acaba de alcanzar un nuevo continente, América.

Este descubrimiento introduce a España por mucho tiempo en la exploración y en la expansión marítima, y esto genera una auténtica rivalidad con Portugal, tanto política como comercial. España, que es consciente de que los portugueses están a punto de alcanzar las Indias por el este, desea reservarse el derecho de soberanía sobre los nuevos territorios situados al oeste, sin tener que compartirlos con su vecino. Por consiguiente, los soberanos españoles, Isabel de Castilla (1451-1504) y Fernando II de Aragón (1452-1516), lo dejan en manos del papa, la única y auténtica autoridad que puede decidir en un litigio de este calibre. El 4 de mayo de 1493, el papa Alejandro VI (1431-1503) le da la razón a España en su bula *Inter caetera* y le atribuye cualquier tierra descubierta que se sitúe a más de cien leguas de Cabo Verde.

Este primer reparto del mundo no satisface a Portugal. Se inician entonces unas duras negociaciones entre los dos países para revisar la línea de demarcación. El 7 de junio de 1494, los diferentes soberanos firman el Tratado de Tordesillas, que establece un nuevo reparto del mundo entre España y Portugal. Gracias a este tratado, el rey de Portugal, Juan II, logra empujar la línea a trescientas setenta leguas más allá de Cabo Verde. A partir de este momento, todas las tierras que se descubran y que se sitúen al este de esta línea estarán bajo soberanía portuguesa.

No obstante, debemos preguntarnos cuáles eran los verdaderos motivos que se escondían detrás del deseo portugués de desplazar la línea. De hecho, Portugal, al reservarse la ruta del este por África, ya no necesita zonas en el Atlántico para que pasen sus buques. ¿Acaso el reino sospechaba o sabía que existían tierras entre la línea de las cien leguas y de las trescientas setenta? Es imposible responder hoy en día a esta pregunta y, oficialmente, las motivaciones del rey son las de garantizar al máximo las navegaciones hacia el este. No obstante, a sabiendas o no, con el Tratado de Tordesillas, Portugal obtiene Brasil.

VASCO DE GAMA Y LA RUTA DE LAS ESPECIAS

Además de las razones evocadas, una de las motivaciones principales de la expansión europea no es otra que la búsqueda y el control del mercado de las especias. En este momento, estos productos, que proceden de Oriente, son los más caros que se pueden encontrar en Europa, por su escasez y por su transporte difícil. Por lo tanto, lograr el control de un comercio de tales características es una garantía de prosperidad económica.

Por consiguiente, Portugal quiere llegar a encontrar su propia ruta que lleve a las regiones ricas en especias bordeando África. Además, tras la caída de Constantinopla en 1453, aumenta su motivación. El Imperio otomano, que se encuentra en constante expansión desde hace siglos, termina por poner punto final al Imperio bizantino al conquistar su capital, que constituía un auténtico corredor entre Oriente y Occidente. Este acontecimiento, que causa múltiples repercusiones, tiene como consecuencia el incremento de los impuestos sobre los productos procedentes de Asia e, incluso, el cierre de ciertas rutas comerciales, que ahora se encuentran en manos de los otomanos. Por consiguiente, Europa ya solo desea una cosa: encontrar la ruta de las Indias por sus propios medios y deshacerse del intermediario musulmán.

La búsqueda de las especias es de largo recorrido. Durante décadas, los portugueses siguen hacia el sur las costas africanas para encontrar un paso hacia las Indias. Es cierto que se alcanza el cabo de Buena Esperanza en 1488, pero las especias todavía están lejos. De hecho, cuando Cristóbal Colón descubre América, todavía nadie ha llegado a las Indias. Para los portugueses, que ya no compiten en solitario, es hora de redoblar esfuerzos. En 1497, Vasco de Gama se pone a la cabeza de una pequeña flota con la esperanza de encontrar la tan ansiada ruta. Bordea las costas de África hacia el sur, pasa el cabo de Buena Esperanza e inicia la travesía del océano Índico. El 21 de mayo de 1498, llega al puerto de Calicut: por fin los portugueses han encontrado el mercado de las especias.

LA EXPEDICIÓN

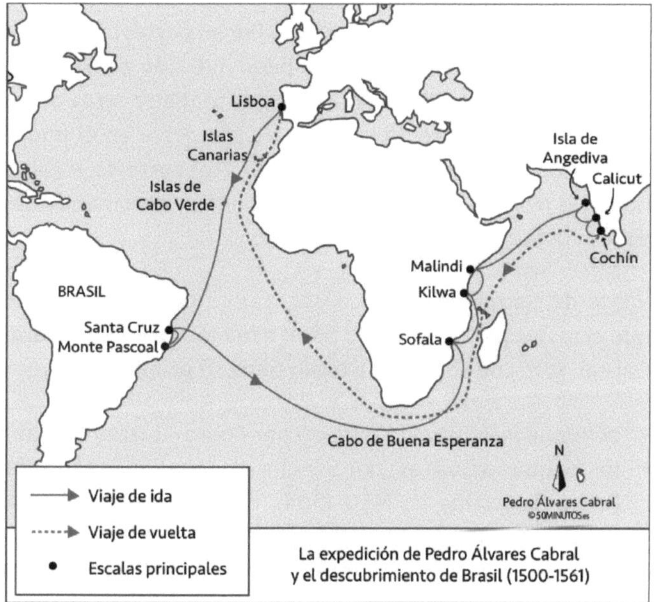

La expedición de Pedro Álvares Cabral
y el descubrimiento de Brasil (1500-1561)

LOS PREPARATIVOS

Cuando Vasco de Gama regresa, es acogido como un héroe, a pesar de que las posiciones portuguesas en las Indias todavía son débiles. Por ende, es vital reforzarlas lo más rápido posible. Así, el rey Manuel I ordena inmediatamente que se ponga en marcha una nueva expedición. Los medios están a la altura del descubrimiento: se preparan al menos trece buques, de los que diez son carracas y tres, carabelas.

En ese momento, la carraca es el navío más adaptado para el comercio marítimo. Este tipo de barco, que se asemeja a la nao, posee un gran tonelaje, lo que le permite transportar grandes cantidades de mercancías. Por su parte, la carabela es mucho menos pesada y más pequeña. Con estas características, es más rápida y más fácil de manejar cerca de las costas. Rápidamente, la carabela se convierte en el buque insignia de la exploración: se adelanta a los cortejos, localiza las rutas marítimas y permite un reconocimiento minucioso de las costas, ya sean conocidas o no.

Vasco de Gama desea descansar tras su largo viaje, por lo que el mando de la flota va a parar a manos de Pedro Álvares Cabral. Aun con todo, cada navío tiene su propio capitán:

- el buque insignia está dirigido por Pedro Álvares Cabral;
- los buques adjuntos, por Sancho de Tovar (c. 1470-1545), Pedro de Ataide (c. 1450-1504), Nuno Leitão da Cunha, Nicolau Coelho (c. 1460-1504), Simão de Miranda (fallecido en 1515), Vasco de Ataide, Bartolomé Dias, Luis Pires (fallecido en 1500), Aires Gomes da Silva (fallecido en 1500), Simão de Pina (fallecido en 1500) y Diogo Dias;
- la nave cargada de provisiones está en manos de Gaspar de Lemos.

La mayoría son nobles y no tienen ninguna competencia en cuestiones de navegación, pero se trata de algo habitual para la época. Únicamente los hermanos Dias y Nicolau Coelho han destacado en viajes precedentes. Para acabar, los navíos llevan a bordo a una tripulación de unos mil quinientos hombres, compuesta por marineros, pero también por soldados y por miembros del clero.

Para que la misión se salde con éxito, Vasco de Gama da muchos consejos y todas las indicaciones necesarias a Pedro Álvares Cabral, y le sugiere igualmente que efectúe lo que se llamará la «volta do mar», una técnica de navegación que conducirá a la flota hasta Brasil.

LA *VOLTA DO MAR*

La *volta do mar* fue perfeccionada por los portugueses para alcanzar más fácilmente el cabo de Buena Esperanza. Esta técnica consiste en alejarse de las costas africanas al llegar a Cabo Verde, manteniendo el rumbo hacia el suroeste con los alisios por un lado. Los navíos, empujados por los vientos y las corrientes, bordean entonces las costas brasileñas antes de poner rumbo hacia el sureste, evitando el anticiclón de Santa Helena hasta el cabo de Buena Esperanza. Ciertamente, el trayecto es más largo si se tienen en cuenta las distancias, pero es mucho más rápido. De hecho, los buques evitan las aguas mansas del golfo de Guinea y también los vientos opuestos frente a las costas africanas.

EL DESCUBRIMIENTO DE BRASIL

Pedro Álvares Cabral se ve respaldado por la potencia de su flota e inicia la ruta desde Lisboa el 9 de marzo de 1500. Primero llega a las islas Canarias el 14 de marzo y, más tarde, a las islas de Cabo Verde el 22 de marzo. Al día siguiente, la flota sufre un primer revés: el buque liderado por Vasco de

Ataide ha desaparecido. Durante dos días, los demás barcos parten en su búsqueda en vano. ¿Se ha perdido en el mar? ¿Ha desertado? Cabral desconoce la respuesta y, a pesar de todo, decide proseguir su camino.

El navegante sigue las recomendaciones de Vasco de Gama al pie de la letra y pone rumbo hacia el suroeste para efectuar la *volta do mar*. Pero las corrientes marinas empujan a los navíos más lejos de lo previsto hacia el oeste. Trece días después de haber atravesado el ecuador, el 22 de abril de 1500, aparece en el horizonte una tierra aún desconocida, coronada por un monte. En seguida, el vigía grita las palabras que exaltan a los marineros: «¡Tierra! ¡Tierra!». Pedro Álvares Cabral bautiza la colina como Monte Pascoal en honor a la fiesta de Pascua. Acaba de descubrir Brasil.

El descubrimiento de Brasil, cuadro de Aurélio de Figuereido, 1900.

Este descubrimiento genera alboroto a bordo de los barcos. Tras una reunión con sus compañeros, Cabral envía a Nicolau Coelho a que explore el lugar. En cuanto este llega a la playa, aparecen hombres desnudos, con una piel cobriza cubierta de tatuajes, armados con arcos y flechas. No se produce ningún incidente entre portugueses e indios, que se muestran muy amistosos. Sin embargo, las condiciones climáticas ponen en riesgo el encuentro. En efecto, una violenta tempestad asola los navíos en la noche del 23 al 24 de abril, lo que lleva a la flota a buscar un refugio más al norte. Los portugueses optan por desplazarse hasta una pequeña bahía rebautizada como Porto Seguro («Puerto Seguro»), al borde de la inmensa selva.

Llegada de Pedro Álvares Cabral a Porto Seguro, cuadro de Oscar Pereira da Silva.

A su vez, Pedro Álvares Cabral echa pie a tierra y se encuentra con indígenas tan pacíficos como los precedentes. El navegante llama a esta nueva zona «Vera Cruz», que se convertirá en «Santa Cruz», sin saber si se trata de una isla o de tierra firme. El 26 de abril, manda que se construya un altar para celebrar la misa y convertir a los indígenas al cristianismo. Durante los días sucesivos, el comandante pide a la tripulación que se abastezca y ordena la construcción de una inmensa cruz de madera. Por otra parte, Álvares efectúa los cálculos necesarios y confirma que las tierras que han descubierto están en la órbita de Portugal. El 1 de mayo, se erige la cruz y Santa Cruz es reivindicada de manera oficial por Portugal. Al día siguiente, Pedro Álvares Cabral decide retomar la ruta hacia las Indias. No obstante, envía de vuelta a Lisboa el navío de Gaspar de Lemos para comunicar el inmenso descubrimiento efectuado.

EL DRAMA EN ALTA MAR FRENTE AL CABO DE BUENA ESPERANZA

Para continuar la *volta do mar*, Cabral se dirige al sudeste, hacia el cabo de Buena Esperanza. Pero el viaje se presenta peligroso, ya que el navío no puede hacer escala. El 12 de mayo, se avista un cometa en el cielo y, para los marineros, esto es un mal presagio. El tiempo les dará la razón. El 24 de mayo, la flota entre en la zona de altas presiones del Atlántico Sur, sinónimo de mal tiempo. Ante la imposibilidad de dar media vuelta, la expedición se ve envuelta entonces en una violenta tempestad. Se produce un drama: cuatro navíos sucumben a los vientos impetuosos y al mar agitado, y zozobran ante la impotencia de los otros buques.

Al menos trescientos ochenta hombres mueren en la tormenta en alta mar, frente al cabo de Buena Esperanza. Entre ellos, Bartolomé Dias que, paradójicamente, pierde la vida en el lugar que le había proporcionado la fama doce años antes.

Para los siete navíos restantes, el calvario todavía no ha terminado. Durante varios días, las olas y los vientos siguen deteriorando los cascos y los mástiles. La flota se ve dividida en tres grupos: un barco solo y dos grupos de tres. Aun así, Pedro Álvares Cabral no se rinde. Pasa el cabo de Buena Esperanza e inicia la navegación hacia el norte por la costa africana. El 16 de julio, alcanza por fin el puerto de Sofala (Mozambique), donde se efectúan las reparaciones urgentes. Cuatro días más tarde, el segundo grupo de tres navíos se une a la flota. En cuanto al último, dirigido por Diogo Dias, erra hasta Madagascar, que todavía es una tierra desconocida, antes de iniciar el camino de vuelta.

Una vez que se finalizan las reparaciones, la flota, reducida a seis navíos, se dirige hacia Kilwa (Tanzania), la ciudad más importante y más rica de África Oriental. Pedro Álvares Cabral espera aprovecharse de ello haciendo firmar un tratado comercial al dirigente de la ciudad. Sin embargo, cuando el navegante llega el 26 de julio, no consigue convencer al rey de Kilwa de los beneficios de una alianza comercial con los portugueses. Por consiguiente, la flota decide seguir su camino hacia el norte y llega a Malindi (Kenia) el 2 de agosto. La tripulación, que recibe una acogida bastante más calurosa por parte del rey de Malindi, se queda durante varias semanas antes de hacerse de nuevo a la mar para ir hasta

Calicut. El 22 de agosto, la flota alcanza la isla de Angediva, cerca de Goa (Estado situado en la costa suroeste de India) para los últimos preparativos. Por fin, el 13 de septiembre de 1500, Pedro Álvares Cabral entra en el puerto de Calicut y obtiene el acceso al mercado de especias.

LA SUMISIÓN DE CALICUT

Es cierto que la expedición ha alcanzado su objetivo, pero aún hay que instaurar un punto comercial para garantizar una conexión entre las Indias y Portugal. Para ello, Álvares Cabral debe convencer al zamorín de la ciudad (el rajá de la ciudad) de que autorice a los portugueses. Tras unas largas negociaciones, el navegante consigue su objetivo. Como señal de amistad, pone sus tropas al servicio del zamorín y captura, en particular, un barco indio que se opone a su autoridad. Así, los portugueses piensan que se ha cumplido la misión.

Los portugueses están muy contentos con el acceso al mercado de especias, pero este no es el caso de los comerciantes árabes, que ven en este hecho el final de su monopolio comercial sobre los productos orientales. El 16 de diciembre de 1500, deciden atacar el pequeño puesto. De los setenta portugueses presentes, cincuenta mueren en combate. Los otros veinte regresan a los navíos de la flota a nado. Cabral no alcanza a entender nada: imagina que este desastre es fruto de la envidia y de la desconfianza de los mercaderes árabes.

Los portugueses, furiosos por la traición del zamorín —que, probablemente, respaldó el ataque al puesto— y por la pérdida de tantos hombres, solo piensan en vengarse. Tras un plazo de veinticuatro horas, los hombres de Pedro Álvares Cabral inspeccionan una decena de navíos árabes. Se confisca su mercancía para beneficio de Portugal, se asesina a la tripulación y se incendian los barcos. La ciudad también sufre la furia de los europeos. Cabral, consciente de la traición de Calicut, ordena que sus navíos bombardeen la ciudad durante un día entero. La urbe, desarmada frente a la artillería europea, sufre numerosos daños. A continuación, el navegante decide hacerse a la mar de nuevo para llegar a Cochín el 24 de diciembre. Este pequeño puerto, localizado por Vasco de Gama, constituye la última esperanza de los portugueses para cumplir con su misión.

EL REGRESO AL PAÍS

La pequeña ciudad, que entonces es vasalla del zamorín de Calicut, resulta ser bastante más amistosa. Cuando las autoridades de Cochín son informadas del castigo que los portugueses han infligido a Calicut, ven una ocasión para materializar su deseo de independencia. Por lo tanto, el rey de la ciudad autoriza el establecimiento de un puesto comercial portugués e, incluso, llena sus navíos de especias. Pero se preparan represalias desde Calicut. El zamorín ha creado una flota de ocho navíos encargados de arrestar a Pedro Álvares Cabral. Aunque los portugueses consideran que están en condiciones de destruir los barcos, es hora de regresar a su país.

Tras una parada en Cananor para realizar las últimas compras, la flota parte definitivamente de las Indias el 16 de enero de 1501. Por el camino, uno de los barcos encalla en un banco de arena. Puesto que no pueden liberarlo, se quema el buque con su preciosa carga a bordo después de haber salvado a la tripulación. Solo volverán al país cinco navíos. Cuando la flota llega a Mozambique, vuelven a aprovisionarse para pasar el cabo de Buena Esperanza y llegar hasta Portugal.

A continuación, la flota se divide. Uno de los navíos es enviado a Sofala (Mozambique) para explorar la región. Otro tiene la misión de partir más rápido para informar al rey del éxito de la expedición. Llega a Lisboa el 23 de junio de 1501. Los otros tres, entre los que se encuentra el de Pedro Álvares Cabral, van iniciando uno a uno el regreso. Pero cuando pasan el cabo de Buena Esperanza, uno de los navíos se ve separado de la flota restante. Por lo tanto, Cabral navega hacia el norte solo con dos barcos y alcanza Cabo Verde. Allí se encuentra con el navío de Diogo Dias, perdido desde hace un año. Las otras dos embarcaciones restantes terminan por unirse a ellos igualmente. Por fin, entre el 21 y el 27 de julio de 1501, los navíos rescatados, repletos de especias, hacen su entrada triunfal en Lisboa.

Es cierto que se pierden seis navíos durante la expedición y que dos vuelven con las manos vacías, pero para Pedro Álvares Cabral la expedición sigue resultando exitosa: se ha abierto la ruta hacia las Indias.

REPERCUSIONES

UN NUEVO CONTINENTE

Cuando Pedro Álvares Cabral alcanza las costas brasileñas, Europa todavía no es consciente de que acaba de descubrir un nuevo continente. Cristóbal Colón, que realiza su tercer viaje entre mayo de 1498 y agosto de 1500, sigue pensando que ha llegado a Asia. Aunque otros exploradores, como Alonso de Ojeda (navegante y conquistador español, 1468 o 1470-1515/1516), que descubre las costas venezolanas en 1499, arrojan muchos datos que sugieren que se trata de un nuevo continente, nadie se ha pronunciado todavía de manera clara sobre esta cuestión. El descubrimiento de Brasil pondrá un punto final a esta polémica.

El 2 de mayo de 1500, Cabral se va de Brasil, pero encarga a Gaspar de Lemos que vuelva a Portugal para informar acerca del descubrimiento al rey Manuel I. Aunque los datos recogidos por el navegante y sus hombres no permiten determinar si se trata de una isla o de tierra firme, la noticia entusiasma al monarca. Sin más dilación, ordena que se forme una pequeña flota que explore las tierras descubiertas. Entre estos hombres se encuentra Américo Vespucio (1454-1512).

La flota parte de Lisboa en mayo de 1501, en el mismo momento en el que Pedro Álvares Cabrales sube hacia el norte por la costa africana. Cuando llega a las costas brasileñas, al nivel del quinto grado de latitud sur, baja la costa en línea recta hasta el vigésimo sexto grado. Para Américo Vespucio, la cuestión está clara. Si se suman los datos venezolanos y brasileños, la extensión de tierras descubiertas es demasiado grande como para que se trate de una simple isla. El Nuevo Mundo es un continente. Unos años más tarde, el navegante formula estas ideas por escrito, alterando para siempre nuestra concepción del mundo y de la geografía. La posteridad tomará su nombre para bautizar al nuevo continente: América.

LA COLONIZACIÓN DE BRASIL

Aunque la tierra de Santa Cruz es reivindicada por Portugal desde 1500, habrá que esperar varias décadas antes de que el territorio sea realmente colonizado. De hecho, en el momento del descubrimiento, los portugueses están más interesados por África y por las Indias. Además, al contrario de lo que ocurre con la colonización española, la colonización portuguesa no se caracteriza por colonias de población, sino más bien por el establecimiento de puestos comerciales custodiados por un número limitado de hombres.

Esto no quiere decir que el descubrimiento de Pedro Álvares Cabral caiga en el olvido. El rey Manuel I envía varias expediciones para explorar las posibles riquezas de este nuevo territorio. Los datos que se recogen en un primer momento son decepcionantes. Los indígenas no disponen de auténticos objetos de valor que permitirían comerciar. No obstante, la tierra de Santa Cruz cuenta con un recurso en abundancia: el palo brasil. Este tipo de madera, cuya corteza y cuyo núcleo rojo como el fuego servirán para la tintura de fibras textiles, resulta ser un negocio redondo para Portugal, que sufre una gran escasez de este material desde la Edad Media.

Asimismo, el país necesita madera para la construcción de los navíos que viajan por todo el mundo. Así, se encuentra la primera utilidad de esta tierra, que rápidamente se llama Brasil en referencia a su madera.

La verdadera colonización no empieza hasta la década de 1530, bajo el mando de Martim Afonso da Sousa (capitán y administrador portugués, *c.* 1500-1564). Entonces, las tierras fértiles de Brasil se reutilizan para plantaciones de caña de azúcar, un campo en el que los portugueses son unos maestros tras décadas de explotaciones similares en Madeira y en las Azores. De esta manera, surgen grandes cultivos azucareros que necesitan una mano de obra importante. En ese momento, llegan los colonos portugueses a estas tierras, acompañados de cientos de esclavos, primero indígenas y después africanos, un número que no dejará de aumentar hasta el siglo XIX.

Para acabar, a principios del siglo XVIII Brasil revela su riqueza final, tras el descubrimiento de fabulosos yacimientos de oro y de diamante. El «ciclo del oro» termina por colonizar las últimas tierras de este inmenso territorio, aunque no sustituye la colosal industria del azúcar.

EL NACIMIENTO DE UN IMPERIO

Además del descubrimiento de Brasil, el viaje de Cabral confirma la apertura de la ruta de las Indias que ha efectuado previamente Vasco de Gama. Al contrario que su predecesor, el navegante jamás volverá a las Indias. Esto no impide que Cabral contribuya a la expansión progresiva de su país en la región mediante el establecimiento del primer puesto comercial portugués en Cochín.

Durante la primera década del siglo XVI, los portugueses, bajo el mando de Francisco de Almeida (virrey de las Indias, c. 1450-1510) y, más tarde, bajo el mando de Alfonso de Albuquerque (virrey de las Indias, 1453-1515), toman poco a poco el control del comercio de las especias. Así, desde Ormuz (isla iraní del golfo Pérsico) hasta Malaca (península del sudeste asiático), sin olvidar las ricas islas con especias de las Molucas, se implantan durante un largo periodo en el océano Índico, malogrando la resistencia de los comerciantes musulmanes o hindúes.

Aparte del descubrimiento de Brasil, la historia recordará pocos datos de Pedro Álvares Cabral. Sin embargo, su descubrimiento y su viaje sientan las bases de un potente imperio comercial portugués: el de las Indias y el de Brasil.

EN RESUMEN

Hacia 1467
Nacimiento de Cabral

1499
Regreso de Vasco de Gama

1500
9 mar.: **salida de Cabral desde Lisboa**
22 abr.: **Cabral descubre Brasil**
24 may.: se pierden cuatro navíos
    durante una tormenta
13 sept.: Cabral llega a Calicut
16 dic.: destrucción del puesto
    portugués de Calicut

1501
21-27 jul.: **regreso de Cabral a Lisboa**

Hacia 1520
Fallecimiento de Cabral

- Pedro Álvares Cabral nace en Belmonte en torno a 1467. Procede de una familia rica y noble y entra en la corte de

Portugal al servicio de los monarcas Juan II y Manuel I. Con este último entabla una relación muy amistosa.

- En 1499, Vasco de Gama vuelve de las Indias tras haber encontrado la ruta de las especias. El rey Manuel I, que desea reforzar la presencia portuguesa en las Indias, ordena inmediatamente que se prepare una nueva expedición, cuyo mando se atribuye a Cabral.
- El navegante, respaldado por una flota de trece navíos, inicia la ruta desde Lisboa el 9 de marzo de 1500. Pasa por las islas Canarias y por las islas de Cabo Verde y, a continuación, pone rumbo hacia el suroeste para efectuar la *volta do mar*.
- Sin embargo, los navíos se desvían mucho más al oeste de lo previsto. Así, el 22 de abril de 1500, la flota de Pedro Álvares Cabral descubre Brasil. Esta nueva tierra, situada en la zona de soberanía portuguesa, servirá a partir de este momento como escala para los navegantes que se dirijan a las Indias.
- Tras haber entablado los primeros contactos con los indígenas y haber reivindicado de manera oficial el descubrimiento en nombre de Portugal, Cabral vuelve a hacerse a la mar el 2 de mayo y pone rumbo hacia el sudeste para alcanzar el cabo de Buena Esperanza.
- El 24 de mayo, en alta mar y frente al cabo, la flota se enfrenta a una violenta tempestad que hace zozobrar a cuatro navíos. Fallecen trescientos ochenta hombres, entre los que se encuentra Bartolomé Dias. Los otros navíos, dañados, alcanzan Sofala para ser reparados.
- A continuación, la flota sigue su aventura hacia las Indias, pasando sucesivamente por Kilwa, Malindi y la isla de Angediva. Por fin, el 13 de septiembre de 1500, la expedi-

ción llega a Calicut, puerta del mercado de las especias.

- Los portugueses logran convencer al dirigente de la ciudad para que les deje establecer un puesto comercial. No obstante, se va incrementando la oposición de los mercaderes árabes y, el 16 de diciembre, estos últimos destruyen el emplazamiento y provocan la muerte de cincuenta portugueses.
- Cabral, que se toma este acontecimiento como un acto de traición de la ciudad, ordena la destrucción de diez navíos árabes y el bombardeo de Calicut durante un día entero. A continuación, se dirige a Cochín, donde puede por fin establecer un puesto en buenas condiciones.
- Una vez que las bodegas de los navíos están repletas de especias, el navegante inicia el largo camino de regreso hacia Portugal el 16 de enero de 1501. La flota alcanza Lisboa entre el 21 y el 27 de julio de 1501.
- A pesar de la importancia de su descubrimiento, Pedro Álvares Cabral no volverá a hacerse a la mar. Repudiado por la corte, se retira a sus tierras, donde muere en Santarém hacia 1520.

¡Tu opinión nos interesa!
¡Deja un comentario en la página web de tu librería en línea,
y comparte tus favoritos en las redes sociales!

PARA IR MÁS ALLÁ

FUENTES BIBLIOGRÁFICAS

- Bennassar, Bartolomé y Richard Marin. 2000. *Histoire du Brésil. 1500-2000*. París: Fayard.
- Chaunu, Pierre. 1969. *Conquête et exploitation des Nouveaux Mondes (XVIe siècle)*. París: PUF.
- Favier, Jean. 1991. *Les grandes découvertes d'Alexandre à Magellan*. París: Fayard.
- Fontoura da Costa, Abel. 1938. *La découverte du Brésil en 1500, 22 avril, date historique; 3 mai, date conventionnelle*. Lisboa: Sociedad nacional de tipografia.
- Greenlee, William Brooks. 1938. *The Voyage of Pedro Álvares Cabral to Brazil and India from Contemporary Documents and Narratives*. Londres: Hakluyt Society.
- Howgego, Raymond John. 2003. "Cabral, Pedro Álvares". *Encyclopedia of exploration to 1800*. Sidney: Hordern House.
- Mendes dos Santos, Ilda. 2000. *La découverte du Brésil: les premiers témoignages*. París: Chandeigne.
- Subrahmanyam, Sanjay. 1999. *L'empire portugais d'Asie, 1500-1700. Une histoire économique et politique*. París: Maisonneuve et Larose.

FUENTES COMPLEMENTARIAS

- Baqué, Jean-François. 1991. *La conquête des Amériques. XVe-XVIe siècles*. París: Perrin.
- Colectivo. 2006. "Les découvertes géographiques des Portugais aux XVe et XVIe siècles". *Histoire universelle*.

L'ère des découvertes européennes, tomo 13. París:
Hachette.

- McClymont, James Roxburgh y Pedro Alluarez de Gouvea
  Pedraluarez Cabral. 1914. *His progenitors, His Life and His
  Voyage to America and India*. Londres: Bernard Quaritch.
- Newitt, Malyn. 2005. *A History of Portuguese Overseas
  Expansion, 1400-1668*. Londres: Routledge.
- Teyssier, Paul y Paul Valentin. 1998. *Voyages de Vasco de
  Gama. Relations des expéditions de 1497-1499 et 1502-
  1503*. París: Chandeigne.

FUENTES ICONOGRÁFICAS

- Retrato de Pedro Álvares Cabral. La imagen reproducida
  está libre de derechos.
- Retrato de Vasco de Gama. La imagen reproducida está
  libre de derechos.
- Retrato de Cristóbal Colón, cuadro de Ridolfo
  Ghirlandaio realizado tras la muerte del célebre navegante. La imagen reproducida está libre de derechos.
- *El descubrimiento de Brasil*, cuadro de Aurélio de
  Figueiredo, 1900. La imagen reproducida está libre de
  derechos.
- Llegada de Pedro Álvares Cabral a Porto Seguro, cuadro
  de Oscar Pereira da Silva. La imagen reproducida está
  libre de derechos.

DOCUMENTAL

- *Carnets du Brésil: Histoire d'une colonisation*. Dirigido por
  Luis Miranda. Francia: 2011.

MUSEO Y MONUMENTOS CONMEMORATIVOS

- 34 -

- Réplica de la carraca de Pedro Álvares Cabral en Porto Seguro, Brasil.
- Monumento a Pedro Álvares Cabral en Lisboa, Portugal.
- Tumba de Pedro Álvares Cabral en Santarém, Portugal.
- Museo del descubrimiento del Nuevo Mundo en Belmonte, Portugal.
- Castillo de la familia Cabral situado en Belmonte, Portugal.